GRAMMAIRE SANSCRITE

RÉSUMÉ ÉLÉMENTAIRE

DE LA THÉORIE

DES FORMES GRAMMATICALES

EN SANSCRIT

PAR F. BAUDRY

PARIS

AUGUSTE DURAND, LIBRAIRE

RUE DES GRÈS, 5

1853

RÉSUMÉ ÉLÉMENTAIRE

DE LA THÉORIE

DES FORMES GRAMMATICALES

EN SANSCRIT

Imprimerie de Ch. Lahure (ancienne maison Crapelet)
rue de Vaugirard, 9, près de l'Odéon.

GRAMMAIRE SANSCRITE

RÉSUMÉ ÉLÉMENTAIRE

DE LA THÉORIE

DES FORMES GRAMMATICALES

EN SANSCRIT

PAR F. BAUDRY

PARIS

AUGUSTE DURAND, LIBRAIRE

RUE DES GRÈS, 5

1853

RESUMÉ ÉLÉMENTAIRE

DE LA THÉORIE

DES FORMES GRAMMATICALES

EN SANSCRIT.

Le sanscrit est la langue des anciens Indiens. On peut le considérer comme le frère aîné de tous les idiomes de la famille indo-européenne, ou au moins comme celui qui s'est formé avec le plus de régularité, et qui a gardé les empreintes les plus fidèles des types originaires. L'étude de cette langue, intéressante à tant d'égards pour l'histoire et la philologie, date en Europe de la fin du siècle dernier. En France, elle a commencé avec M. Chézy, qui inaugura, en 1815, la chaire de sanscrit au collége de France. Il fut remplacé, en 1833, par le plus grand des philologues français, M. Eug. Burnouf, dont M. Th. Pavie vient d'être chargé de continuer l'enseignement.

L'école française n'a produit que fort peu de travaux purement grammaticaux sur le sanscrit. Les grammaires à consulter sont celles de Colebrooke (1805), de Carey (1806), de Wilkins (1808), de Forster (1810), de Yates (1820), en anglais; celles de Bopp en allemand (Berlin, 1827) et en latin (1832), et celle de M. Desgranges en français (Paris, 1845). Nous recommandons surtout la grammaire de Bopp (*Gr. cri-*

tica linguæ sanscritæ, Berolini, 1832). On fera bien d'étudier aussi sa grammaire comparée des langues indo-germaniques (Berlin, 1833-52). Les dictionnaires sont celui de Wilson (1819) et le *Glossarium sanscritum* de Bopp (Berlin, 1830).

La grammaire comparée attirant aujourd'hui l'attention du public, nous avons cru qu'il pouvait être utile d'esquisser, en abrégé, les principes d'une langue qui est comme le centre commun auquel doit aboutir toute comparaison entre le grec, le latin et ses dérivés, et l'allemand, pour ne parler que des idiomes qui nous touchent de près. Ceux qui voudront l'apprendre sérieusement auront recours à la grammaire de Bopp. Le présent opuscule, extrait en partie de cet ouvrage, n'a d'autre but que d'aider les personnes qui s'occupent de grammaire comparée et qui ne peuvent se livrer à une étude continue de la langue sanscrite. Je serais particulièrement heureux, si on pouvait le considérer comme un appendice à l'excellent travail que M. Egger a publié récemment sur ce sujet.

ALPHABET. L'alphabet sanscrit est des plus complets. Il compte quarante-cinq lettres[1], douze voyelles et trente-trois consonnes. Nous en donnons le modèle ci-dessous. Pour les transcrire avec nos caractères, nous sommes obligés d'employer souvent des lettres doubles pour des lettres simples.

TABLEAU DES CARACTÈRES SANSCRITS (*dévanâgaris*).

VOYELLES.

Simples.

अ a; आ â; इ i; ई î; उ u; ऊ û : ऋ ri; ॠ rî.

[1]. Nous négligeons deux voyelles et une consonne tout à fait inusitées.

Diphthongues.

ए ê; ऐ âi; ओ ô; औ âu.

Anusvâra et visarga.

˙ n; ꞏ h.

CONSONNES.

Gutturales :	क k;	ख kh;	ग g;	घ gh;	ङ n.
Palatales :	च ch;	छ chh;	ज j;	झ jh;	ञ n.
Cérébro-dentales :	ट t;	ठ th;	ड d;	ढ dh;	ण n.
Dentales :	त t;	थ th;	द d;	ध dh;	न n.
Labiales :	प p;	फ ph;	ब b;	भ bh;	म m.
Semi-voyelles :	य y;	र r;	ल l;	व v.
Sifflantes :	श ç;	ष sh;	स s;	ह h.

Voyelles.— Il y en a huit simples, dont quatre brèves et quatre longues correspondantes, et quatre composées ou diphthongues. —Les voyelles simples sont *a* (représentant les sons brefs *ă*, *ĕ*, *ŏ*; on ignore suivant quelles règles la prononciation variait entre ces trois sons). *á; i, î; u* (prononcez *ou*), *û; ri, rî*. Les deux dernières étaient comptées comme voyelles par suite d'une prononciation particulière qui augmentait la liquidité de l'*r*. — Les diphthongues sont : *ê* (*a* + *i*); *ái* (*á* + *i*); *ô* (*a* + *u*); *áu* (*á* + *u*).

Consonnes.—Les grammairiens indiens les ont classées suivant un ordre méthodique très-remarquable :

	SOURDES.		SONORES.		NASALES.
	Faibles.	Aspirées.	Faibles.	Aspirées.	
1° Gutturales :	k	kh	g [1]	gh	n
2° Palatales :	ch (*pr.* tch)	chh	j (*pr.* dj)	jh	n
3° Cérébro-dentale :	st	th	d	dh	n
4° Dentales :	t	th	d	dh	n
5° Labiales :	p	ph	b	bh	m
6° Semi-voyelles :	y, r, l, v.				
7° Sifflantes :	s, sh (*pr.* ch), ç, h.				

1. Prononcez toujours comme *gue*, jamais comme *j*.

La division en sourdes et sonores correspond à celle en fortes et en douces qui est admise par nos grammairiens; mais l'expression nous semble plus juste. — Les cérébro-dentales ne diffèrent des dentales que parce qu'on les prononçait du nez avec une intonation particulière. Au reste, la distinction entre ces deux ordres de lettres ne paraît pas d'un grand intérêt philologique; on n'en retrouve de traces dans aucune langue européenne. Les quatre nasales *n* ne diffèrent entre elles que par des nuances de prononciation.

L'alphabet sanscrit compte encore deux signes secondaires, l'*anusvára*, qui est une nasale affaiblie, et le *visarga*, qui représente une aspiration moins forte que celle de l'*h*. Nous rendrons l'une par *n* et l'autre par *h*.

Les voyelles, autres que *a* et *á* sont susceptibles, dans beaucoup de cas, de se changer en diphthongues ou en syllabes composées par suite de l'adjonction à leur gauche d'un *a* (changement qui s'appelle *guna*) ou d'un *á* (*vriddhi*). En voici le tableau :

Voyelles	i, î;	u, ù;	ri, rî;
Guna	ê;	ô;	ar;
Vriddhi	âi;	âu;	âr;

La *guna* joue un grand rôle dans la grammaire sanscrite. Certains dérivés, fort nombreux, ne se forment qu'en donnant la *guna* à la voyelle radicale, lorsqu'elle en est susceptible. Ainsi la racine *budh*, savoir, fait le verbe *bódhámi*, je sais. Au reste le sanscrit note seulement de plus près un fait qui se passe dans beaucoup d'autres langues, et qui est la transformation des voyelles radicales simples en diphthongues pour former les dérivés. En français, par exemple, la voyelle radicale du primitif *digne* subit, pour former le verbe *daigner*, une véritable *guna* sanscrite. Seulement, tandis qu'en sanscrit les changements ont presque toujours lieu sur des voyelles radicales *i, u,* ou *ri,* qui se trouvent, au moyen de l'adjonction d'*a* remplacées par les diphthongues correspondantes; en français et en latin il arrive le contraire, et c'est la voyelle *a* du radical qui subit le plus souvent l'adjonction d'un *i,* comme *amour, aimer; damnare, condemnare* ($e = a + i$), etc. On pourrait multiplier les exemples à l'infini [1].

ORTHOGRAPHE ET EUPHONIE. L'orthographe sanscrite est extrêmement compliquée. Le sanscrit note dans l'écriture les moindres nuances de prononciation, que, dans les autres langues, on se contente le plus souvent d'observer en parlant. Ainsi, en français, *second* s'écrit par un *c,* à cause de l'étymologie (*secundus* de *sequi*) et se prononce *segond.* On prononce *second enfant,* comme si l'on écrivait *segont enfant,* et cependant on dit *seconde fille.* En sanscrit toutes ces nuances s'écrivent, et sont l'objet de règles précises dont nous ne pouvons donner ici qu'une idée sommaire.

Des voyelles. — Quand deux voyelles semblables, brèves ou longues, se rencontrent à la fin d'un mot et au commencement du mot suivant, les deux mots se réunissent en prenant la voyelle longue du même ordre. Ex.: *varîhâsti,* pour *vari iha asti,* « aqua hic est. »

Quand *a* ou *â* finales rencontrent au commencement du mot suivant une voyelle dissemblable, les deux mots se réunissent en prenant la diphthongue

---

1. On trouve en grec des renforcements de voyelles analogues à la *guna* sanscrite. Ex. : le verbe πυνθάνομαι, rac. πυθ, fait au futur πεύσομαι; τυγχάνω, rac. τυχ, fait τεύξομαι.

correspondante. Ex. : *abhibhâshyêdam* pour *abhibhâshya idam*, « alloquendo hoc. »

Quand les autres voyelles finales rencontrent une voyelle dissemblable au commencement du mot suivant, elles se changent en leur semi-voyelle correspondante. Ex. : *bhavâmyaham*, pour *bhavâmi aham*, « sum ego. »

Des consonnes. — S'il y a deux consonnes à la fin d'un mot, on supprime la dernière. L'existence régulière de la consonne supprimée est attestée par sa réapparition dans les mots où elle n'est plus finale. Toutes les consonnes aspirées perdent leur aspiration à la fin des mots. La finale normale des mots terminés par une consonne est la faible sourde. Cette régle ne cède que devant le principe supérieur de l'attraction des consonnes semblables. Par conséquent, la finale est une faible sourde devant les pauses et quand le mot suivant commence par une sourde ou par une sifflante. Mais s'il commence par une consonne sonore, ou par une semi-voyelle, ou par une voyelle, la finale se change alors en faible sonore; s'il commence par une nasale, la finale reste sonore ou devient nasale *ad libitum*. Ex. : de *yudh*, combat, on fait *asti yut*, « est pugna, » *yut karoti*, « pugna facit, » *yud asti*, *yud bhavati*, « pugna est, » *yud* ou *yun mahati*, « pugna magna. »

De l's finale. — Dans les finales autres que celles en *as*, *s* se change en *r* devant les sonores et les voyelles, et en simple aspiration devant les pauses et devant une partie des sourdes. Ex. : de *kavis*, le poëte, on a *kavis tudati*, « poeta vexat, » *kavih karôti*, « poeta facit, » *kavir dadâti*, « poeta dat, » *kavir asti*, *asti kavih*, « poeta est. » — La finale en *as* se change en *ô* devant les sonores : *gajô gachchhati*, « elephas it, » pour *gajas*, etc.; et devant la voyelle *a* qui s'élide

alors : *gajô 'sti*, pour *gajas asti*, « elephas est. »
L'*as* final se change en *a* devant les autres voyelles,
qui persistent. Ex. : *gaja iva*, « tanquam elephas. »
Devant les consonnes sourdes et devant les pauses
as persiste ou se change en aspiration *ah*.

Des règles analogues à celles que nous venons
d'exposer président à la réunion des racines avec
les affixes et les flexions.

RACINES. La grammaire sanscrite considère comme
éléments primitifs du langage des racines monosyllabiques qui n'existent qu'à l'état abstrait, et aux-
quelles on donne un sens verbal. Ex. : *dâ*, donner,
gâ, aller, *ad*, manger, *âp*, obtenir, *svap*, dormir, etc.
Ces racines, qui sont au nombre d'environ deux
mille, deviennent des mots au moyen des suffixes
grammaticaux.

La signification des racines se modifie au moyen
des préfixes suivants : *ati*, « trans; » — *adhi*, « super; » — *anu*, « post; » — *antar*, « inter; » — *apa*,
« ab; » — *api*, « super; » — *abhi*, « ad; » — *ava*, « de,
deorsum; » *â*, « ad; » — *ut*, « sursum; » — *upa*, « ad; »
— *ni*, « deorsum, de (*in* privatif); » — *nir*, « ex; » —
parâ, « retro; » — *pari*, « circum, » περί; — *pra*,
« præ; » — *prati*, « contra, e regione, versus; » —
vi, indique la privation, la dispersion, l'éloigne-
ment, comme le latin *dis*, et le sens de perte et de
mal comme l'allemand *ver*; comme ce dernier, *vi*
augmente quelquefois le sens; — *sam*, « cum, » σύν.
On peut encore compter les particules suivantes, qui
ne sont pas précisément des préfixes, et qui ne
s'appliquent qu'à des mots déjà formés : *su*, bien,
εὖ; *dur* ou *dus*, mal, δύς (cp. *durus*); *a* privatif.

Du radical ou thème.—On appelle ainsi un mot déjà
muni du suffixe qui le caractérise, mais dépouillé

encore des flexions grammaticales avec lesquelles il entrera dans le langage. Ainsi, avec le suffixe *a*, la racine *svan*, résonner, forme un thème nominal *svana*, sonus, auquel il ne manque plus que les flexions des cas. Les dictionnaires et l'usage enseignent la formation des thèmes. Quand on cite grammaticalement un mot, c'est toujours sous forme de thème nu.

Déclinaison. Le sanscrit reconnaît trois genres : le masculin, le féminin et le neutre ; trois nombres : le singulier, le duel et le pluriel ; et huit cas : nominatif, accusatif, instrumental, datif, ablatif, génitif, locatif et vocatif. L'instrumental équivaut à *avec*, *au moyen de*, et le locatif à *dans*, *chez*.

Cas semblables.—Dans les neutres, le nominatif et l'accusatif sont toujours semblables.—Au singulier, le génitif et l'ablatif sont semblables, sauf dans les noms dont le thème finit en *a* et dans les pronoms. —Au duel, il n'y a que trois terminaisons : une pour le nominatif, l'accusatif et le vocatif, une pour l'instrumental, le datif et l'ablatif, et une pour le génitif et le locatif. — Au pluriel, le vocatif est toujours semblable au nominatif, et l'ablatif au datif.

Formation des cas. — Singulier. — Nominatif. — 1° masculins et féminins. Les thèmes terminés par une voyelle prennent *s*.—Exceptions : la voyelle *ri* se change en *â* sans adjonction de l's, et les féminins en *â* et en *i* gardent le thème nu.—Les thèmes terminés par une consonne restent nus ; seulement ceux qui sont terminés par une *n* la rejettent. — 2° neutres. Ceux qui sont terminés en *a* prennent *m*, les autres gardent le thème nu.

Accusatif. Il a pour caractéristique *m* si le thème finit par une voyelle, ou *am* s'il finit par une consonne.

Instrumental. Il a pour caractéristique ordinaire *â*, avec ou sans insertion euphonique de *y* ou de *n*. Les masculins et neutres en *a* prennent pour ce cas la flexion *ina*, qui avec l'*a* final devient *éna*.

Datif. La caractéristique est *é*, avec ou sans insertion de *y* ou *n* euphoniques, et *aya* pour les thèmes terminés en *a*.

Ablatif. Dans les thèmes masculins et neutres en *a*, où il diffère du génitif, sa caractéristique est *t*, avec allongement de l'*a* précédent, *ât*.

Génitif. Quand il diffère de l'ablatif, sa caractéristique est *sya*. Quand ces deux cas sont semblables, leur caractéristique est *s* ou *as*.

Locatif. La caractéristique générale pour les trois genres est *i*, précédé dans quelques cas de l'*n* euphonique. Dans les thèmes en *a*, l'*i* s'y réunit pour former la diphthongue *é*. Les féminins dont le thème se termine par une voyelle longue simple font leur locatif en *âm*; les masculins en *i* et en *û* le font en *âu*.

Vocatif. Il n'a pas de caractéristique spéciale. Tantôt c'est le thème pur et simple, tantôt il reproduit le nominatif, etc.

Duel. — *Nom. acc. voc.* Pour les masculins et les féminins, *âu*; et pour les neutres et pour les féminins en *â, î*, qui avec *a* se change en *é*, et devient *nî* après les autres voyelles. — Les masculins et les féminins en *i* et en *u* n'admettent pas, pour ces cas, d'autre flexion que l'allongement de leur voyelle finale.

Instrum. dat. abl. Ils se terminent invariablement en *bhyâm*.

Gén. loc. Caractéristique *ôs*, avec ou sans insertion euphonique de *y* ou *n*.

Pluriel. — *Nom. et voc.* Les thèmes masculins et féminins prennent *as*, qui devient *ás* quand le thème est lui-même terminé en *a* ou en *á.* —Les neutres prennent *i* avec *n* euphonique quand le thème finit par une voyelle. S'il finit par une consonne, qui ne soit ni une nasale ni une semi-voyelle, on fait précéder cette consonne d'un *n.* Ex.: *chakshúnshi*, de *chakshus*, œil.

Accus. Les thèmes masculins terminés par une voyelle brève l'allongent et y ajoutent *n.* — Tous les féminins terminés par une voyelle et les masculins terminés par une voyelle longue y ajoutent *s.* —Tous les masculins et féminins terminés par une consonne ont, comme les neutres, l'accusatif semblable au nominatif.

Instrum. La caractéristique est *bhis.* Les thèmes en *a* s'en écartent seuls pour prendre *áis*, qui n'est qu'une abréviation pour *abhis.*

Dat. et abl. Caractéristique constante, *bhyas*, devant lequel les thèmes terminés en *a* la changent en *é.* Les trois terminaisons *bhyám, bhis, bhyas*, dérivent de la préposition *abhi*, « ad. »

Gén. ám, avec ou sans insertion euphonique de l'*n.*

Loc. Su ou *shu*, devant lequel l'*a* du thème devient *é.*

Il ne sera pas inutile de résumer le tableau de ces désinences, en les comparant avec celles des déclinaisons grecque et latine.

Sing. —*Nom.* Sanscrit, *s ;* grec, ος, ης, ας; latin, *us, is.* —Sanscr., *m ;* gr., ον; lat., *um.*

Acc. Sanscr., *m, am;* gr., ον, ην, αν, etc.; lat., *um, am, em, im.*

Instr. Sanscr., *á, ina ;* lat., *o, á?*

Dat. Sanscr., *é, ái, aya ;* gr., ῳ, ῃ, ᾳ, ει, ι; lat., *æ, i.*

Abl. Sanscr., *át ;* ancien latin, *od, ad, ed, id.*

Gén. Sanscr., *sya ;* lat., *i, æ?* —Sanscr., *as, ás, s ;*

gr., ας, ης, ος; lat., *is*. Comp. le génitif allemand et anglais en *s*.

Loc. Sanscr., *âm*, *âu*, *i;* comp. gr., οἴκοι; lat., *domi*, *humi*.

Duel. — *Nom. acc.* Sanscr., *âu;* gr., ω, α. — Sanscr., *î;* gr., ε?

Instr. Dat. abl. Sanscr., *bhyâm;* gr., οιν, αιν.

Gén. loc. Sanscr., *ôs*.

Pluriel. — *Nom.* Sanscr., *as;* gr., ες; lat., *es*. — Sanscr., *î;* gr., οι, αι; lat., *i, æ*.

Acc. Sanscr., *s, as;* gr., ους, ας; lat., *os, as*. — Sanscr., *n, i*.

Instr. Sanscr., *âis;* gr., οις, αις, σι; lat., *is*. — Sanscr., *bhis;* lat., *bus*.

Dat., abl. Sanscr., *bhyas;* lat., *bus*.

Gén. Sanscr., *âm;* gr., ων; lat., *um*.

Loc. Sanscr., *su, shu*.

Déclinaisons. — On peut y établir deux grandes divisions : la 1re comprenant tous les thèmes terminés par une voyelle, et la seconde tous les thèmes terminés par une consonne.

La 1re déclinaison comprend elle-même cinq sous-déclinaisons renfermant : la 1re, les thèmes en *a* et en *â;* — la 2e, les thèmes en *i* et en *u;* — la 3e, les thèmes en *î* et en *û;* — la 4e, les thèmes en *ri;* — la 5e, quelques thèmes monosyllabiques en *é*, *ô* et *âu*.

Prenons, pour exemple de la 1re sous-déclinaison, l'adjectif *çiva*, heureux, thème féminin *çivâ*.

Singulier.

	Masculin.	Féminin.	Neutre.
Nomin.	çivas	çivà	çivam
Accus.	çivam	çivâm	çivam
Instr.	çivêna	çivayâ	çivêna

Dat.	çivâya	çivâyâi	çivâya
Abl.	çivât	çivâyâs	çivât
Gén.	çivasya	çivâyâs	çivasya
Loc.	çivê	çivâyâm	çivê
Voc.	çiva	çivê	çiva

Duel.

Nom. acc. voc.	çivâu	çivê	çivê
Instr. dat. abl.	çivâbhyâm pour les trois genres.		
Gén. loc.	çivayôs	Idem.	

Pluriel.

Nom. voc.	çivâs	çivâs	çivâni
Acc.	çivân	çivâs	çivâni
Instr.	çivâis	çivâbhis	çivâis
Dat. abl.	çivêbhyas	çivâbhyas	çivêbhyas
Gén.	çivânâm pour les trois genres.		
Loc.	çivêshu	çivâsu	çivêshu

Prenons maintenant, pour exemples de la 2ᵉ déclinaison, *kavi*, m., « poeta, » et *dhênu*, f., « vacca; »
et pour exemple de la 3ᵉ : *nadî*, f., « flumen. »

Singulier.

Nomin.	kavis	dhênus	nadî
Acc.	kavim	dhênum	nadîm
Instr.	kavinâ	dhênvâ	nadyâ
Dat.	kavayê	dhênavê	nadyê
Abl. gén.	kavês	dhênôs	nadyâs
Loc.	kavâu	dhênâu	nadyâm
Voc.	kavê	dhênô	nadi

Duel.

Nom. acc. voc.	kavî	dhênû	nadyâu
Instr. dat. abl.	kavibhyâm	dhênubhyâm	nadîbhyâm
Gén. loc.	kavyôs	dhênvôs	nadyôs

Pluriel.

| Nom. voc. | kavayas | dhênavas | nadyas |
| Acc. | kavîn | dhênûs | nadîs |

Instr.	kavibhis	dhênubhis	nadîbhis
Dat. abl.	kavibhyas	dhênubhyas	nadîbhyas
Gén.	kavinâm	dhênûnâm	nadînâm
Loc.	kavishu	dhênushu	nadîshu

La 4ᵉ sous-déclinaison comprend des noms de parent ou d'agent terminés par le suffixe *tri*, qui correspond au suffixe *tor*, *trix* des latins. Ex. : *pitri*, *père*, de *pá*, dominer; *mâtri*, mère de *má*, faire; *duhitri*, fille, de *duh*, teter ou traire[1] (comp. gr. θυγάτηρ, allem. Tochter, angl. daughter); *dâtri*, « dator, » etc.

Prenons pour exemple le thème *pitri*, m., « pater, » et donnons en même temps pour paradigme de la 5ᵉ sous-déclinaison *nâu*, f., « navis. »

Singulier.

Nomin.	pitâ	nâus
Acc.	pitaram	nâvam
Instr.	pitrâ	nâvâ
Dat.	pitrê	nâvê
Abl. et gén.	pitus (*pour* pitvas)	nâvas
Loc.	pitari	nâvi
Voc.	pitar	nâus

Duel.

Nom. acc. voc.	pitarâu	nâvâu
Instr. dat. abl.	pitribhyâm	nâubhyâm
Gén. loc.	pitrôs	nâvôs

1. Les deux acceptions de la racine *duh* font hésiter sur le vrai sens de cette étymologie. L'idée de teter paraît d'abord la plus simple. M. Eug. Burnouf inclinait cependant pour l'idée de traire. Il remarquait avec raison que le fils tette aussi bien que la fille, et que cependant il n'est pas appelé *le teteur;* et il pensait que la fille avait reçu le nom de *trayeuse* par quelque souvenir de l'état pastoral, où elle était chargée de traire les vaches.

Pluriel.

Nom. voc.	pitaras	nâvas
Acc.	pitrîn	nâvas
Instr.	pitribhis	nâubhis
Dat. abl.	pitribhyas	nâubhyas
Gén.	pitrînâm	nâvâm
Loc.	pitrishu	nâushu

2ᵉ *Déclinaison.* — Elle comprend, comme nous l'avons dit, tous les thèmes terminés par une consonne. Elle se divise elle-même en deux sous-déclinaisons.

La 1ʳᵉ comprend des radicaux primitifs. Le nominatif singulier offre le thème *nu*, sauf les modifications qui peuvent résulter des lois de l'euphonie. Nous prenons pour paradigme l'adjectif *pat*, « cadens. » Le masculin et le féminin sont semblables.

Sing. Nomin. voc. *pat;* acc. *patam;* instr. *patâ;* dat. *paté;* abl. et gén. *patas;* loc. *pati.* Duel. Nom. acc. voc. *patâu;* instr. dat. abl. *padbhyâm;* gén. loc. *patôs.* Pluriel. Nom. acc. voc. *patas;* instr. *padbhis;* dat. abl. *padbhyas;* gén. *patâm;* loc. *patsu.*

Le neutre ne diffère que par les cas directs (nominatif, accusatif et vocatif), qui font au sing. *pat*, au duel *pati* et au pluriel *panti.*

La 2ᵉ sous-déclinaison comprend des thèmes terminés par des suffixes. Dans cette seconde classe on distingue des cas forts, qui sont tous les cas directs, excepté l'accusatif pluriel, et dés cas faibles qui sont tous les autres. La consonne finale du thème est précédée d'une *n* dans les cas forts, et cette nasale est retranchée dans les cas faibles. Les participes présents actifs appartiennent à cette sous-déclinaison. Prenons pour paradigme *tudant*, « vexans, » participe présent du verbe *tud*, « vexare. »

Masculin sing. Nom. *tudan;* acc. *tudantam;* instr. *tudatâ;* dat. *tudaté;* abl. gén. *tudatas;* loc. *tudati;*

voc. *tudan*. Duel. Nom. acc. voc. *tudantâu;* instr. dat. abl. *tudadbhyâm;* gén. loc. *tudatôs*. Pluriel. Nom. voc. *tudantas;* acc. *tudatas;* instr. *tudadbhis*, etc., comme *pat*.

Le féminin est *tudantî* ou *tudatî*, qui se décline comme *nadî*. Le neutre est *tudat*, qui se décline comme le neutre de *pat*.

ADJECTIFS. La plupart sont formés de thèmes en *a* avec le féminin en *â* ou en *i*. Nous avons donné plus haut deux paradigmes d'adjectifs réguliers, *çiva* et *pat*. Tous suivent absolument les règles de déclinaisons que nous avons indiquées.

Degrés de comparaison.—Le comparatif se forme du suffixe *tara* (de *tri*, aller au delà; grec, τερος), et le superlatif du suffixe *tama* (lat. *timus*). Ex. : *punya*, pur, *punyatara*, *punyatama*. Quelques adjectifs ont leur comparatif en *iyas* (ιων, ior), et leur superlatif en *ishta* (ιστος). Ex. : *yuvan*, jeune; comp. *yuviyas* (nom. sing. masc. *yuviyan*, fém. *yuviyasî*, neut. *yuviyas*, décliné comme *tudat*); superlat. *yuvishta*.

Noms de nombre.— Voici la liste des nombres cardinaux : *êka*, 1 ; *dvi*, 2; *tri*, 3; *chatur*, 4; *panchan*, 5; *shash*, 6; *saptan*, 7; *ashtan*, 8; *navan*, 9; *daçan*, 10; *êkâdaçan*, 11, etc.; *vinçati*, 20; *êkâvinçati*, 21, etc. : *trinçat*, 30; *chatvârinçat*, 40 ; *panchâçat*, 50; *shashti*, 60; *saptati*, 70; *açîti*, 80; *navati*, 90; *çata*, ou *êkaçata*, 100 (cp. *centum* et ἑκατὸν), etc.

Pour 19 on peut dire *navadaçan* ou *unavinçati*, c'est-à-dire 20—1, de l'adjectif *una*, qui signifie diminué (cp. lat. *undeviginti*).

Les nombres cardinaux, jusqu'à 100 exclusivement, sont des adjectifs qui se déclinent irrégulièrement. Les quatre premiers seulement ont trois genres : *êkas, êkâ, êkam; dvâu, dvé, dvé; trayas, tisras, trîni; chatváras, chatasras, chatvâri.* Çata est un substantif neutre dont le nominatif est *çatam.*

Les nombres ordinaux ont une formation assez irrégulière. Le suffixe qui les caractérise le plus ordinairement est *tama.* Ex. : *prathama,* premier (de *pra,* « præ »); *trinçattama,* 30ᵉ, etc. Notons encore les adverbes *dvis,* « bis, » *tris,* « ter » (cp. δίς, τρίς.)

Pronoms. La déclinaison des pronoms est fort irrégulière. Aucun pronom n'a de vocatif distinct du nominatif. Ceux de la première et de la seconde personne n'ont pas de genres distincts.

1ʳᵉ personne. Sing. Nom. *aham,* « ego » ; acc. *mâm;* instr. *mayâ;* dat. *mahyam;* abl. *mat;* gén. *mama* ou *mé;* loc. *mayi.* Duel. Nom. acc. *âvâm;* instr. dat. abl. *âvâbhyâm;* gén. loc. *âvayós.* Pluriel. Nom. *vayam;* acc. *asmân;* instr. *asmâbhis;* dat. *asmabhyam;* abl. *asmat;* gén. *asmâkam;* loc. *asmâsu.*

2ᵉ personne. Sing. Nom. *tvam,* « tu » ; acc. *tvâm;* instr. *tvayâ;* dat. *tubhyam;* abl. *tvat;* gén. *tava* ou *té;* loc. *tvayi.* Duel. Nom. acc. *yuvâm;* instr. dat. abl. *yuvâbhyâm;* gén. loc. *yuvayós.* Pluriel. Nom. *yûyam;* acc. *yushmân;* instr. *yushmâbhis;* dat. *yushmabhyâm;* abl. *yushmat;* gén. *yushmâkam;* loc. *yushmâsu.*

Notons les formes secondaires, au duel *nâu,* « nos ambo, » *vâm,* « vos ambo, » et au pluriel *nas,* « nos, » *vas,* « vos. »

En sanscrit, comme en grec et en latin, les pronoms de la 3ᵉ personne sont les démonstratifs. Leur déclinaison est encore très-irrégulière : *sas, sâ, tat,* ὁ, ἡ, τὸ; acc. *tam, tâm, tat;* duel, *tâu, té, té;* pl. *té, tâs, tâni,* etc.; *ayam, iyam, idam,* « hic, hæc, hoc » (cp. lat. « idem, quidam »); acc. *imam, imâm, idam.* Duel *imâu, imé;* pl. *imé, imâs, imâni,* etc.

Déclinez de même le relatif *yas, yâ, yat,* « qui,

quæ, quod ; » l'interrogatif *kas, kâ, kim,* « quis, quæ, quid ? » *anyas, anyâ, anyat;* « alius, alia, aliud. »

Citons encore *êkatara,* « unus ex duobus, » *êkatama,* « unus ex pluribus, » qui sont le comparatif et le superlatif de *êka* (cp. ἑκάτερος, ἕκαστος); *yatara, yatama,* « qui ex duobus, qui ex pluribus; » *ubhaya,* « ambo ; » *sarva, viçva, sama,* « omnis ; » *sima,* « totus. »

Le pronom possessif est *sva,* « suus, » qui s'applique aux trois personnes. On emploie aussi les formes *madîya, mâmaka,* « meus; » *asmadîya,* « noster; » *tvadîya, tâvaka,* « tuus; » *tadîya,* « suus; » *sarvîya,* « quod est omnium. »

VERBES. Les verbes sanscrits ont deux voix, l'active et la moyenne. On rencontre, comme en grec et en latin, beaucoup de verbes déponents, qui ne se conjuguent qu'à la voix moyenne, avec le sens actif ou neutre.

Le passif est considéré en sanscrit comme un verbe dérivé, l'infinitif comme un nom, et les participes comme des adjectifs ou des adverbes.

Les deux voix comptent cinq modes, qui sont : l'indicatif, le subjonctif, l'impératif, le précatif (aoriste de l'optatif), et le conditionnel. Chacun de ces modes, sauf l'indicatif, n'a qu'un seul temps. — Ceux de l'indicatif sont : le présent, le prétérit augmenté uniforme, le prétérit augmenté multiforme, le prétérit redoublé ou parfait, le futur premier et le futur second. Il ne paraît pas possible d'assigner un sens différent à chacun des trois prétérits, ni à chacun des deux futurs.

Caractères personnels et terminaisons. — Voici le tableau des terminaisons des différents temps, comparées avec les terminaisons des conjugaisons grecque et latine.

VOIX ACTIVE.

Présent et futurs.

	Singulier.			Duel.		Pluriel.		
	Sanscrit.	*Grec.*	*Latin.*	*Sanscrit.*	*Grec.*	*Sanscrit.*	*Grec.*	*Latin.*
1re personne	mi	μι, ω	o, um	vas		mas	μες (dor.), μεν	mus
2e —	si	εις, σι	s	thas	τον	tha	τε	tis
3e —	ti	τι	t	tas	τον	anti	οντι (dor.), ουσι	unt, ant, etc.

Subjonctif et précatif.

1re personne	am	ω	em, am	va		ma	μεν	mus
2e —	s	ης	s	tam	τον	ta	τε	tis
3e —	t	η	t	tâm	τον	us	ωσι	(cp. ur?)

Impératif.

1re personne	âni	(εναι)		âva		âma		
2e —	hi	θι		tam	τον	ta	τε	te
3e —	tu	τω	to	tâm	των	antu	ντω (dor.)	nto

Prétérits augmentés et conditionnel.

1re personne	am	ον	am	va		ma	μεν	mus
2e —	s	ες	as	tam	τον	ta	τε	tis
3e —	t	ε	at	tâm	την	an	ον	ant

Prétérit redoublé.

1re personne	a	α		va		ma	μεν	
2e —	tha	ας		athus	τον	a	ατε	
3e —	a	ε		atus	τον	us	σι	

Présent et futurs.

	Singulier.			Duel.			Pluriel.	
	Sanscrit.	*Grec.*		*Sanscrit.*	*Grec.*		*Sanscrit.*	*Grec.*
1re personne	(m) ê	μαι		vahê	μεθον		mahê	μεθα
2e —	sê	σαι, η		athê	σθον		dvê	σθε
3e —	tê	ται		atê	σθον		antê	νται

Subjonctif et précatif.

1re personne	a	ωμαι		vahi	ωμεθον		mahi	μεθα
2e —	thas	η		âthâm	ησθον		dvam	σθε
3e —	ta	ηται		âtâm	ησθον		ran	νται

Impératif.

1re personne	âi			âvahâi			âmahâi	
2e —	sva	ου		âthâm	σθον		dvam	σθε
3e —	tâm	σθω		âtâm	σθων		antâm	σθων (dor.)

Prétérits augmentés et conditionnel.

1re personne	i			vahi	μεθον		mahi	μεθα
2e —	thâs	σο		âthâm	σθον		dvam	σθε
3e —	ta	το		âtâm	σθην		anta	ντο

Prétérit redoublé.

1re personne	(m) ê	μαι		vahê	μεθον		mahê	μεθα
2e —	sê	σαι		âthê	σθον		dvê	σθε
3e —	(t) ê	ται		âtê	σθον		irê	νται

On doit remarquer le peu d'analogie du moyen sanscrit avec le moyen ou passif latin. La formation de ce dernier s'explique presque entièrement par l'adjonction aux formes actives du pronom réfléchi *se*, dont l's est changé en *r*.

L'origine pronominale des terminaisons personnelles n'est pas douteuse, bien qu'elle n'apparaisse clairement que pour une partie d'entre elles. Ainsi, pour les premières personnes du singulier et du pluriel, l'*m* vient évidemment de *mé*, thème des cas obliques du pronom de la première personne ; le *v* caractéristique des premières personnes du duel vient de *âvâm*, « nos ambo. » — L's de la deuxième personne au singulier n'a pas d'origine sanscrite apparente ; mais elle fait penser au grec σύ. Le *t* des troisièmes personnes vient de *ta*, thème du pronom *sas*, *sâ*, *tat*. Les finales plurielles en *an* sont pour *ant*, la dernière consonne se trouvant retranchée par euphonie, comme en grec.

On appelle terminaisons légères les désinences de tous les temps de l'actif au singulier, à l'exception de la première personne de l'impératif. On nomme terminaisons graves toutes les autres, parce qu'elles portent plus de lettres, ou que, dans l'état primitif de la langue, elles en ont porté davantage. Dans beaucoup de cas, les terminaisons légères appellent des formes augmentées du thème, telles que la *guna*, tandis que les terminaisons graves gardent les formes pures, à moins que le thème n'appartienne à une classe qui reçoit la *guna* dans tous les cas. Ex. : *vedmi* « scio, » *vidmas* « scimus, » de *vid*. Le grec offre quelque chose de semblable : δίδωμι, δίδομεν, δίδομαι; εἶμι, ἴμεν.

Le moyen diffère, en général, de l'actif par l'augmentation des terminaisons. Le *é* qui caractérise la première personne du singulier est une altération de la forme primitive *mé, kshipé* pour *kshipamé.* Comp. le grec μαι, et l'abréviation de la deuxième personne du moyen en η pour εσαι.

On doit remarquer encore que les désinences du présent, du futur et du parfait sont pleines, tandis que celles des autres temps sont plus obtuses. Ces dernières rappellent davantage la conjugaison latine.

Formation des temps. Conjugaisons. — Le prétérit augmenté multiforme, le parfait, le futur premier, le précatif, le futur second et le conditionnel se nomment temps généraux et s'unissent de la même manière à la racine de tous les verbes. Il n'existe à leur égard qu'une seule conjugaison. — L'indicatif présent, le subjonctif, l'impératif et le prétérit augmenté uniforme se nomment temps spéciaux, et les modifications qu'ils font subir à la racine varient suivant les classes.

Classes. — Les verbes sanscrits sont divisés en dix classes, d'après les modifications que subissent les racines pour former le thème verbal des temps spéciaux.

1ʳᵉ classe. On ajoute à la racine *a* (ou *á* dans les premières personnes caractérisées par *m* ou *v*), et la voyelle radicale reçoit la *guna* quand elle en est susceptible. Ex. : *bódhámi,* « scio, » *bódhati,* « scit, » de *budh.* Cette première classe contient plus de la moitié des verbes sanscrits.

2ᵉ. Les flexions sont ajoutées immédiatement à la racine : *hanti*, il tue, de *han.*

3ᵉ. Elle redouble la syllabe radicale. Ex. : *dadámi*, διδωμι, de *dá*, donner ; *dadhámi*, τιθημι, de *dhá*, poser[1]. Cette classe contient une vingtaine de verbes, et elle correspond avec celle des verbes grecs en μι. Nous verrons plus loin les lois du redoublement.

1. Voyez, sur l'analogie des racines *dá*, donner et *dhá*, poser, la *Grammaire comparée* de M. Egger, chap. ɪᴠ, p. 25.

4ᵉ. Elle ajoute *ya* à la racine : *naçyati*, « perit, » de *naç*; *mriyaté*, « moritur, » de *mri*. La plus grande partie des verbes de cette classe ne se conjuguent qu'à la voix moyenne, et sont de véritables passifs.

5ᵉ. Elle ajoute à la racine *nu*, qui se transforme en *nô* devant les terminaisons légères. Ex. : *âpnômi*, j'obtiens; *âpnumas*, nous obtenons, de *âp*, obtenir.

6ᵉ. Elle ajoute *a* à la racine, comme la première classe; mais la voyelle radicale ne subit pas de *guna*. Ex. : *tudati*, « vexat, » de *tud*.

7ᵉ. Elle ajoute, avant la consonne finale de la racine, la nasale *n*, ou, dans certains cas, la syllabe *na*. Ex. : *yunjanti*, « jungunt; » *yunakti*, « jungit, » de *yui*.

8ᵉ. Elle ajoute à la racine *u*, qui devient *ô* devant les terminaisons légères. Ex. : *tanômi*, *tanumas*, « extendo, extendimus, » de *tan*.

9ᵉ. Elle ajoute à la racine *ni*, qui devient *nâ* devant les terminaisons légères. Ex. : *krînâmi*, *krînîmas*, « vendo, vendimus, » de *krî*.

10ᵉ. Elle ajoute *aya* à la racine, et lui impose la *guna*. Ex. : *chôrayâmi*, de *chur*, voler. Cette dernière classe retient *ay* même dans les temps généraux. On peut la considérer comme appartenant aux verbes dérivés, d'autant plus que sa forme est exactement celle des causatifs.

Toutes ces classes se réduisent en définitive, pour les temps spéciaux, à trois grandes conjugaisons, sans compter les exceptions et les anomalies. La 1ʳᵉ comprend tous les verbes qui ajoutent à la racine *a*, ou une syllabe terminée par cette voyelle (1ʳᵉ, 4ᵉ, 6ᵉ et 10ᵉ classes). On peut compter les verbes de la 9ᵉ classe comme appendice exceptionnel à cette conjugaison. — La 2ᵉ comprend tous les verbes qui joignent les terminaisons à la racine elle-même, sans syllabe intermédiaire (2ᵉ, 3ᵉ et 7ᵉ classes). — La 3ᵉ comprend les verbes qui ajoutent *u* ou *nu* à la racine (classes 5e et 8e).

Nous donnons comme paradigmes, pour la conjugaison entière et pour la 1re conjugaison des temps spéciaux, le verbe *kship*, « conjicere, » qui appartient à la 6e classe; pour la 2e conjugaison des temps spéciaux, le verbe *dvish*, « odisse » (2e classe); et pour la 3e, le verbe *tan*, « extendere » (8e classe).

PREMIERE CONJUGAISON.

TEMPS SPÉCIAUX.

Indicat. prés.

	ACTIF.			MOYEN.	
Sing.	Duel.	Plur.	Sing.	Duel.	Plur.
1. kshipâmi	kshipâvas	kshipâmas	kshipê	kshipâvahê	kshipâmahê
2. kshipasi	kshipathas	kshipatha	kshipasê	kshipêthê	kshipadhvê
3. kshipati	kshipatas	kshipanti	kshipatê	kshipêtê	kshipantê

Subjonctif.

1. kshipêyam	kshipêva	kshipêma	kshipêya	kshipêvahi	kshipêmahi
2. kshipês	kshipêtam	kshipêta	kshipêthâs	kshipêyâthâm	kshipêdvam
3. kshipêt	kshipêtâm	kshipêyus	khipêta	kshipêyâtâm	kshipêran

Impératif.

1. kshipâni	kshipâva	kshipâma	kshipâi	kshipâvahâi	kshipâmahâi
2. kshipa	kshipatam	kshipata	kshipasva	kshipêthâm	kshipadvam
3. kshipatu	kshipatâm	kshipantu	kshipatâm	kshipêtâm	kshipantâm

Prétérit augmenté uniforme.

1. akshipam	akshipâva	akshipâma	akshipê	akshipâvahi	akshipâmahi
2. akshipas	akshipatam	akshipata	akshipathâs	akshipêthâm	akshipadvam
3. akshipas	akshipatâm	akshipan	akshipata	akshipêtâm	akshipanta

TEMPS GÉNÉRAUX.

Prétérit augmenté multiforme (1ʳᵉ formation).

1. akshâipsam	akshâipsva	akshâipsma	akshipsi	akshipsvahi	akshipsmahi

| 2. akshâipsîs | akshâiptam | akshâipta | akshipthâs | akshipsâthâm | akshibdvam |
| 3. akshâipsît | akshâiptâm | akshâipsus | akshipta | akshipsâtâm | akshipsata |

Parfait.

1. chikshêpa	chikshipiva	chikshipima	chikshipê	chikshipivahê	chikshipimahê
2. chikshêpitha	chikshipatbus	chikshipa	chikshipishê	chikshipâthê	chikshipidhvê
3. chikshêpa	chikshipatus	chikshipus	chikshipê	chikshipâtê	chikshipirê

Futur premier.

1. kshêptâsmi	kshêptâsvas	kshêptâsmas	kshôptâhê	kshêptâsvahê	kshêptâsmahê
2. kshêptâsi	kshêptâsthas	kshêptâstha	kshêptâsê	kshêptâsâthê	kshêptâdhvê
3. kshêptâ	kshêptârâu	kshêptâras	kshêptâ	kshêptârâu	kshêptâras

Précatif.

1. kshipyâsam	kshipyâsva	kshipyâsma	kshipsiya	kshipsîvahi	kshipsîmahi
2. kshipyâs	kshipyâstam	kshipyâsta	kshipsîshtâs	kshipsiyâsthâm	kshipsîdhvam
3. kshipyât	kshipyâstâm	kshipyâsus	kshipsîshta	kshipsîyâstâm	kshipsîran

Futur second.

1. kshêpsyâmi	kshêpsyâvas	kshêpsyâmas	kshêpsyê	kshêpsyâvahê	kshêpsyâmahê
2. kshêpsyasi	kshêpsyathas	kshêpsyatha	kshêpsyasê	kshêpsyêthê	kshêpsyadhvê
3. kshêpsyati	kshêpsyatas	kshêpsyanti	kshêpsyatê	kshêpsyêtê	kshêpsyantê

Conditionnel.

1. akshêpsyam	akshêpsyâva	akshêpsyûma	akshêpsyê	akshêpsyâvahi	akshêpsyâmahi
2. akshêpsyas	akshêpsyatam	akshêpsyata	akshêpsyathâs	akshêpsyêtham	akshêpsyadhvam
3. akshêpsyat	akshêpsyâtâm	akshêpsyan	akshêpsyata	akshêpsyêtâm	akshêpsyanta

DEUXIÈME CONJUGAISON.

TEMPS SPÉCIAUX.

ACTIF.				MOYEN.	

Présent.

Sing.	Duel.	Plur.	Sing.	Duel.	Plur.
1. dvêshmi	dvishvas	dvishmas	dvishê	dvisvahê	dvishmahê
2. dvêkshi	dvishtas	dvishta	dvikshê	dvishâthê	dviddhvê
3. dvêshti	dvishtas	dvishanti	dvishtê	dvishâtê	dvisha(n)tê

Subjonctif.

1. dvishyâm	dvishyâva	dvishyâma	dvishîya	dvishîvahi	dvishîmahi
2. dvishyâs	dvishyâtam	dvishyâta	dvishîthâs	dvishîyâthâm	dvishîdvam
3. dvishyât	dvishyâtâm	dvishyus	dvishîta	dvishîyâtâm	dvishîran

Impératif.

1. dvêshâni	dvêshâva	dvêshâma	dvêshâi	dvêshâvahâi	dvêshâmahâi
2. dviddhi	dvishtam	dvishta	dvikshva	dvishâthâm	dviddhvam
3. dvêshtu	dvishtâm	dvishantu	dvishtâm	disvhâtâm	dvisha(n)tâm

Prétérit augmenté uniforme.

1. advêsham	advishva	advishma	advishi	advishvahi	advishmahi
2. advêt	advishtam	advishta	advishtâs	advishâthâm	adviddhvam
3. advêt	advishtâm	advishan	advishta	advishâtâm	advisha(n)ta

TROISIÈME CONJUGAISON.

TEMPS SPÉCIAUX.

<table>
<tr><td colspan="3" align="center">ACTIF.</td><td align="center">Présent.</td><td colspan="3" align="center">MOYEN.</td></tr>
<tr><td>Sing.</td><td>Duel.</td><td>Plur.</td><td>Sing.</td><td>Duel.</td><td>Plur.</td></tr>
<tr><td>1. tanòmi</td><td>tanuvas</td><td>tanumas</td><td>tanvê</td><td>tanuvahê</td><td>tanumahê</td></tr>
<tr><td>2. tanôshi</td><td>tanuthas</td><td>tanutha</td><td>tanushê</td><td>tanvâthê</td><td>tanudhvê</td></tr>
<tr><td>3. tanôti</td><td>tanutas</td><td>tanvanti</td><td>tanutê</td><td>tanvâtê</td><td>tanva(n)tê</td></tr>
</table>

Subjonctif.

<table>
<tr><td>1. tanuyâm</td><td>tanuyâva</td><td>tanuyâma</td><td>tanvîya</td><td>tanvîvahi</td><td>tanvîmahi</td></tr>
<tr><td>2. tanuyâs</td><td>tanuyâtam</td><td>tanuyâta</td><td>tanvîthâs</td><td>tanvîyâthâm</td><td>tanvîdhvam</td></tr>
<tr><td>3. tanuyât</td><td>tanuyâtâm</td><td>tanuyus</td><td>tanvîta</td><td>tanvîyâtâm</td><td>tanvîran</td></tr>
</table>

Impératif.

<table>
<tr><td>1. tanavâni</td><td>tanavâva</td><td>tanavâma</td><td>tanavâi</td><td>tanavâvahâi</td><td>tanavâmahâi</td></tr>
<tr><td>2. tanu</td><td>tanutam</td><td>tanuta</td><td>tanushva</td><td>tanvâthâm</td><td>tanudhvam</td></tr>
<tr><td>3. tanôtu</td><td>tanutâm</td><td>tanvantu</td><td>tanutâm</td><td>tanvâtâm</td><td>tanva(n)tâm</td></tr>
</table>

Prétérit augmenté uniforme.

<table>
<tr><td>1. atanavam</td><td>atanuva</td><td>atanuma</td><td>atanvi</td><td>atanuvahi</td><td>atanumahi</td></tr>
<tr><td>2. atanôs</td><td>atanutam</td><td>atanuta</td><td>atanuthâs</td><td>atanvâthâm</td><td>atanudvam</td></tr>
<tr><td>3. atanôt</td><td>atanutâm</td><td>atanvan</td><td>atanuta</td><td>atanvâtâm</td><td>atanva(n)ta</td></tr>
</table>

Remarques sur la formation des temps spéciaux.
— Nous avons déjà indiqué les principales modifications que subissent les racines verbales pour former
ces temps. Il en est d'autres encore qui résultent des
lois de l'euphonie, et sur lesquelles nous n'insiste-
rons pas.

Le présent est le temps le plus simple. Il est formé
par le thème verbal et les flexions personnelles.

Le subjonctif a pour caractéristique *i* (*é* après *a*)
ou *y*, suivant l'euphonie ; comme en latin il prend
les désinences obtuses.

L'impératif ne diffère de l'indicatif présent que
par les flexions personnelles ; sa 2ᵉ pers. sing. actif
des 1ʳᵉ et 3ᵉ conjugaisons est la forme la plus courte
de tout le verbe.

Le prétérit augmenté uniforme a pour caractère
les désinences obtuses, et l'augment *a*. M. Bopp rap-
porte l'origine de cet augment à l'*a* privatif. Pour
exprimer l'action au passé on l'aurait niée au présent. — Si le thème commence par une voyelle, l'augment se combine avec elle suivant les lois de l'euphonie : *áuksham*, « conspersi, » de *uksh*. — Dans les
verbes de la 2ᵉ conjugaison, dont la racine se termine par une consonne ou par la voyelle *ri*, la 2ᵉ et
la 3ᵉ personne du sing. actif n'ont pas de caractère
personnel.

Les temps spéciaux donnent lieu à beaucoup d'ir-
régularités, dans le détail desquelles nous ne pouvons entrer ici. Ainsi, dans les formes augmentées,
plusieurs verbes, dont la racine commence par une
semi-voyelle, changent la syllabe radicale en la
voyelle correspondante. Ex. : *vaçmi, uçmas,* « volo,
volumus, » de *vaç*.

Mentionnons seulement quelques-uns des verbes
irréguliers les plus curieux.

Voici la conjugaison des temps employés du verbe *as*, être :

	Indicatif présent.			Impératif.	
asmi	svas	smas	asâni	asâva	asâma
asi	sthas	stha	êdhi	stam	sta
asti	stas	santi	astu	stâm	santu

	Subjonctif.			Prétérit.	
syâm	syâva	syâma	âsam	âsva	âsma
syâs	syâtam	syâta	âsis	âstam	âsta
syât	syâtâm	syus	âsît	âstâm	âsan

Il existe aussi un parfait *âsa*, mais il n'est employé que comme auxiliaire.

La racine *rud*, pleurer, et quelques autres, insèrent un *i* avant les désinences : *rôd-imi*, *rud-imas*. Cp. la 3° conjug. latine « lego-is-it. »

Notons encore l'irrégularité du verbe *vid*, savoir, qui peut prendre au présent les désinences du parfait : *véda*, *vittha*, *véda*, etc. Cp. οἶδα.

Remarquons enfin la conjugaison tout irrégulière de l'important verbe *kri*, faire (« creare »). 3ᵉ conjugaison. Présent *karómi*, etc. Imp. *karaváni*, *kuru*, *karôtu*, etc. Prétérit uniforme, *akaravam*, *akarôs*, *akarôt*, etc. Moyen. *kurvé*, *kurushê*, *kuruté*, etc.

Temps généraux.— Prétérit augmenté multiforme.— Dans les temps généraux tous les caractères des classes disparaissent, et les racines verbales s'adaptent directement aux flexions. Le prétérit multiforme est ainsi nommé, parce qu'il présente sept formations qui s'appliquent à des verbes différents. L'augment est le même que dans le prétérit uniforme. L'usage peut seul apprendre à quels verbes s'appliquent les formations diverses.

Les quatre premières formations prennent pour désinences le prétérit du verbe être, *âsam*, *âsis*, *âsît* plus ou moins modifié. Elles correspondent à l'aoriste 1er des Grecs. 1re *sam, sis, sit;* 2e *sam, sas, sat;* 3e *isham, is, it;* 4e *sisham, sis, sit.* Ces quatre formations sont accompagnées de changements à la voyelle radicale.

La 5e formation prend les terminaisons personnelles seulement. Elle ne diffère du prétérit uniforme que par l'absence des caractères de classes propres aux temps spéciaux. Ainsi la racine *dâ,* donner (3e classe), fait au prétérit uniforme *adadâm* et au multiforme *adâm.* Ce dernier répond à l'aoriste second des Grecs. Cp. ἐδίδων, ἔδων. — La 6e formation ne se distingue de la précédente que parce que, s'appliquant à des racines qui se terminent par une consonne, elle insère un *a* entre la racine et les terminaisons *m, s, t.* Plusieurs verbes qui ne sont usités qu'à la voix moyenne, prennent aussi au prétérit multiforme la voix active de cette formation : *dyôté,* je brille, *adyutam,* je brillai, de *dyut.*

La 7e formation répond, quant à la forme, au plus-que-parfait grec; elle a l'augment et le redoublement. On ne l'emploie que dans les verbes causatifs : *açiçriyam,* je fis aller, de *çri,* aller.

Parfait redoublé. — Il correspond au parfait second des verbes grecs. Voici les lois principales du redoublement. Si la syllabe radicale commence par une consonne, on la répète en rendant brève la voyelle si elle était longue. Les aspirées sont changées en faibles (*dadhâ,* de *dhâ,* poser), et au lieu des gutturales, on met les palatales correspondantes, *chikshêpa,* de *kship.* Si la racine commence par deux consonnes, la première seule se redouble, à moins que ce ne soit une sifflante, auquel cas on redouble la seconde. Ex. : *chaskand,* de *skand,* « scandere. » Les racines qui commencent par une voyelle brève, l'al

longent; celles qui commencent par une voyelle longue, ont recours au parfait circonscrit. Ce dernier
se forme avec de véritables auxiliaires. On fait de la
racine un substantif abstrait qui prend l'accusatif
en *âm*, et on met à la suite le parfait d'un des trois
verbes *kri*, faire, *as* ou *bhu*, être. Ex. : *isânchakâra,
isâmâsa, isâmbabhûva*, il a commandé, de *is*[1].

Dans les verbes dont la racine se compose de la
voyelle *a* entre deux consonnes simples, dont la première peut se répéter elle-même, et sans substitution,
le redoublement se supprime partout, excepté à la
1ʳᵉ et à la 3ᵉ personne du sing. actif, et il est remplacé par le changement de l'*a* radical en *é*. Ex. : de
tan, « extendere, » actif; sing. *tatana, ténitha* pour *ta-
tanitha, tatâna*; duel *téniva*, etc.; plur. *ténima, téna,
ténus*. Moyen, sing. *téné* pour *tatané, ténishé,
téné*, etc. On retrouve cette forme en latin. Ex. :
« feci, » de « facio, » « egi » de « ago, » etc.

Futur premier. — Il se forme par voie d'auxiliaire.
On prend le participe futur caractérisé par le suffixe
tri, dont le nominatif singulier masculin est *tâ*, et
on joint à ce nominatif le présent du verbe être,
asmi, etc. Aux troisièmes personnes on se contente
du nominatif masculin du participe seul, et sans le
verbe auxiliaire. Ainsi de *kship*, le participe futur est
ksheptri (cp. le participe latin en *turus*), dont le nominatif singulier masculin est *kshéptâ*, « conjecturus. »
On aura donc *kshéptâsmi*, etc.; et les troisièmes personnes seront les trois nominatifs masculins singulier *kshéptâ*; duel, *kshéptârâu*; pluriel, *kshéptâras*.

---

1. On emploie un procédé analogue pour suppléer au plus-
que-parfait, qui n'existe pas en sanscrit. On prend le participe
passé actif en *tavant*, et on y ajoute comme auxiliaire le prétérit
du verbe être. Ex. : *Kritavan âsam*, j'avais fait; m. à m., j'étais
ayant fait.

Précatif (aoriste de l'optatif). — Il se caractérise, comme le subjonctif, par *i*, qui devient avec les désinences du passé *yâsam, yâs, yât*, etc. Au moyen, on insère un *s* devant l'*i*, *sîya, sîshtâs, sîshta*, etc.

Futur second. — Il se forme en ajoutant à la racine *sya* ou *shya*, avec ou sans insertion d'*i*; il se conjugue comme le présent des verbes de la première classe. L'origine peut en être rapportée à un futur inusité du verbe être, *asyâmi* (cp. le futur grec ἔσομαι, les désidératifs grecs en σειω, et latins en *rio*, « esurio, » etc.).

Conditionnel. — Il se forme du futur second, *sya*. On ajoute l'augment, et on conjugue avec les désinences du prétérit uniforme de la première classe.

Verbes dérivés. *Passif.* — Ses terminaisons sont, à très-peu d'exceptions près, celles du moyen; mais, pour les temps spéciaux, on insère la syllabe *ya* entre elles et sa racine dépouillée de tout caractère de classe, et l'on arrive ainsi à la forme du moyen dans les verbes de la quatrième classe, dont la plupart sont d'ailleurs de véritables passifs (*mriyê*, « morior; » *jâyê*, « nascor »). Ainsi le verbe *kship*, dont nous avons donné le paradigme, fait au présent passif *kshipyê*; subjonctif, *kshipyêya*; impératif, *kshipyâi*; prétérit uniforme, *akshipyê*. On fait dériver cette syllabe intercalaire *ya* d'une racine *i* ou *yâ*, « ire. » Ce même verbe *yâ*, aller, sert aujourd'hui d'auxiliaire pour le passif dans les langues bengalie et indoustanie, qui dérivent du sanscrit. Cp. le latin *amatum iri*.

Pour les temps généraux, le passif se confond à peu près complétement avec le moyen. Il en diffère dans certains verbes par quelques modifications à la voyelle radicale, et dans tous, à la troisième personne singulier du prétérit multiforme, qui se termine en *i*, avec *vriddhi* de la voyelle radicale, *akshâipi*, « conjectus est, » au lieu de *akshipta*, « conjecit se. »

Les autres verbes dérivés sont : 1° le *causatif*, qui se forme en ajoutant *ay* à la racine, avec une consonne euphonique, si elle se termine par une voyelle. Ex. : *védayâmi*, j'annonce, de *vid*, savoir; *dâpayâmi*, je fais donner, de *dâ*, etc. Il se confond entièrement avec les verbes de la 10ᵉ classe. — 2° Le *désidératif*. Il se forme en redoublant la consonne radicale avec une voyelle *i* ou *u*, et en ajoutant à la fin de la racine *s* ou *is*. Ex. : *tututs*, chercher à vexer, de *tud*, vexer. Si la racine commence par une voyelle, on redouble la consonne finale avec *i*, mais à la fin du mot. Ex. : *undidish*, désirer couvrir, de *und*. Quelquefois on donne la forme désidérative à un causatif. Ex. : *didâpayishâmi*, « cupio ut aliquis dare faciat. » — 3° L'*intensif*, qui se forme en redoublant la syllabe radicale avec *guna*, et en ajoutant, *ad libitum*, *ya* à la fin de la racine. Ex. : *chéchi* ou *chéchiya*, cueillir beaucoup, de *chi*. L'intensif se conjugue presque toujours à la voix moyenne. — 4° Le *dénominatif*, qui se forme des substantifs en ajoutant à leurs thèmes quelque suffixe, *y*, *ay*, *sy*, etc. Ex. : *pantiyâmi*, « uxorem desidero, » de *pantí*, « uxor. » Le dénominatif est rare dans l'état primitif du sanscrit.

Formation des dérivés déclinables et adverbiaux. Les grammairiens indiens ont classé tous les suffixes qui, avec les racines, forment des noms primitifs. Nous ne pouvons entrer dans cette longue énumération. Nous parlerons seulement de la formation des participes, des infinitifs et des gérondifs, pour compléter la théorie du verbe.

Participes. — Le participe présent a pour caractère le suffixe *ant* dont nous avons déjà donné la décli-

naison, *tudan, tudanti, tudat*, « vexans. » — Le futur
second a un participe semblable en *syant, bhótsyan,
bhótsyanti, bhótsyat*, devant savoir, de *budh* (remar-
quez le déplacement de l'aspiration). Le passif a
aussi un participe présent semblable en *yant, driçyan,
driçyanti, driçyat*, étant vu, de *driç*. On trouve un
participe passé actif en *vans, chichivan*, ayant cueilli,
de *chi*, et enfin un participe passé en *tavant, kritavan*,
ayant fait. Ce dernier est composé du participe passif
en *ta*, et du suffixe *vant* qui indique la possession :
kritavan signifie, littéralement, « factum habens. »

Le participe présent moyen est en *mána* (μενος),
bódhamána, se sachant, de *budh*. Il y correspond un
participe présent passif en *yamána, bódhyamána*, et
un participe du futur second moyen en *syamána,
bhótsyamána*.

Le participe parfait moyen et passif est en *ána,
tutudána*, « vexatus, » de *tud*.

Nous avons déjà mentionné un participe futur actif
en *tri* (tor, turus).

Le suffixe *ta* (*tas, tá, tam*; cp. lat., *tus, ta, tum*)
fait un participe présent passif (*chita*, cueilli), qui
peut, dans les verbes neutres, prendre la signification active.

Les suffixes *tavya, aníya, ya* forment le participe
futur passif, qui répond au participe en *dus, da,
dum* des Latins. Ex. : *tyaktavya, tyajaniya, tyajya*,
« relinquendus, » de *tyaj*.

Infinitif. — Le suffixe caractéristique de l'infinitif
est *tum*, avec *guna* de la voyelle radicale : *kshéptum*,
« conjicere, » de *kship*. Il répond au supin actif du latin. *Tum* est l'accusatif d'un suffixe originaire *tu*, dont
on trouve la déclinaison tout entière dans le premier
âge de la langue sanscrite. On rencontre aussi, à la
même époque, une autre forme d'infinitif en *asé*,

qui paraît tirer son origine du verbe substantif *as*, et qui a la plus grande analogie avec les infinitifs grecs en σαι et latins en *se*, *re*. *Jivasé*, vivre, de *jîv*.

Gérondifs. — Le même suffixe *tu*, dont l'accusatif *tum* constitue l'infinitif usuel, forme, à l'instrumental *tvâ*, un gérondif qui s'emploie comme participe passé actif indéclinable. Ex. : *smritvâ*, s'étant souvenu, de *smri*. Ce gérondif n'est usité qu'avec des verbes dont la racine n'est précédée d'aucun préfixe. Dans le cas contraire, le gérondif se forme avec le suffixe *ya* : *âgatya*, étant arrivé, de *â*+*gam*; *parityajya*, ayant abandonné, de *pari*+*tyaj*. Cette forme, que nous avons déjà vue s'appliquer au participe futur passif, correspond exactement au gérondif en *do* des Latins.

Des mots indéclinables. *Adverbes.* — On forme des adverbes avec une foule de suffixes; avec l'accusatif en *m* des adjectifs en *a* (*kshipram*, promptement, de *kshipra*, prompt) et de quelques substantifs; avec l'instrumental pluriel de quelques adjectifs (*nîchâis*, « humiliter, » de *nîchâ*, « humilis »); avec un cas oblique singulier de quelques noms (*balât*, violemment, ablatif de *bala*, violence); etc.

Conjonctions. — Elles sont en petit nombre; et quelques-unes n'ont qu'un sens explétif. La copulative *cha*, et, se construit après le second des deux mots qu'elle réunit, comme le *que* des Latins.

Prépositions. — Elles s'emploient surtout comme préfixes, et nous en avons donné la liste plus haut. Quelques-unes s'emploient séparément : *anu*, « post, » avec l'accusatif et le génitif; *prati*, « ad », avec l'accusatif. La préposition inséparable *â* jointe à un nom à l'ablatif signifie *jusqu'à* : *âsamudrât*, jusqu'à la mer. — Certains noms ou adjectifs, pris adverbialement, s'emploient comme prépositions, et gouvernent le génitif : *arthé*, à cause de (locatif de *artha*, cause).

Des mots composés. Le sanscrit jouit d'une grande liberté de composition. On peut faire des substantifs ou des adjectifs avec toutes sortes d'éléments dont on réunit les thèmes. Ces composés ont été partagés par les grammairiens en six classes :

1° *Copulatifs*. — Quand il est question d'êtres vivants, on les forme en réunissant les thèmes et en mettant le mot final au duel ou au pluriel, suivant la somme que fait le composé : *chandrâdityâu*, la lune et le soleil (pour *chandra âditya cha*). Mais s'il s'agit de choses immobiles ou abstraites, le composé prend le singulier neutre en *a*, nominatif *am : gurulâghavam*, le pesant et le léger, pour *gâuravam lâghavam cha*.

2ᵉ *Possessifs*. — On les forme en donnant au dernier mot du composé la déclinaison de l'adjectif : *gajêndravikrama*, ayant la force du prince des éléphants (de *gaja*, éléphant, *indra*, prince, *vikrama*, force).

3° *Déterminatifs*. — C'est l'union du sujet et de l'épithète : *punya-gandha*, « purus odor. »

4° *Composés de dépendance*. — *Virasênasuta*, fils de Virâsêna, pour *suta Virasênasya*. Quelquefois le premier mot a sa flexion casuelle : *khé-chara*, oiseau; mot à mot, « in aere iens; » *khé*, loc. de *kha*, « aer. »

5° *Collectifs*. — Le premier membre est un nombre; le substantif final garde le singulier et devient neutre en *a* ou féminin en *î : trirâtra*, les trois nuits; *trilôkî*, les trois mondes.

6° *Adverbiaux*. — Le premier membre est indéclinable, le second est un substantif qui prend la forme neutre en *am* ou en *i*, et qui devient indéclinable : *pratyaksham*, « coram, » de *prati*, contre; *akshi*, œil.

Imprimerie de Ch. Lahure (ancienne maison Crapelet)
rue de Vaugirard, 9, près de l'Odéon.

À la même Librairie :

EGGER, professeur suppléant à la Faculté des lettres, maître de conférences à l'École normale supérieure. *Introduction à l'étude de la Littérature grecque : Essai sur l'histoire de la Critique chez les Grecs*, suivi de la Poétique d'Aristote et d'extraits de ses Problèmes, avec traduction et commentaire. 1850. 1 vol. in-8..................... 8 fr.
Ouvrage adopté par le Conseil de l'Université.

—*Notions élémentaires de grammaire comparée*, pour servir à l'étude des trois langues classiques (grecque, latine et française), conformément au nouveau programme officiel. 1853, 1 vol. in-12......................... 2 fr.

HANDJÉRI (le prince Alex.) *Dictionnaire français-arabe-persan et turc*, enrichi d'exemples en langue turque, avec des variantes, et beaucoup de mots d'arts et de science. Moscou, 1840. 3 vol. in-4. Prix de souscription, 300 fr. Prix réduit................................. 100 fr.

LYCOPHRON. *La Cassandre*, éditée, traduite, annotée par Dehèque, agrégé de l'Université. 1853. Grand in-8.   4 fr.

RENAN (E). *Averroés et l'Averroïsme. Essai historique.* 1852. 1 vol. in-8.......................... 6 fr.

—*De l'origine du langage*, br. in-8............... 1 fr. 50

—*Éclaircissements tirés des langues sémitiques sur quelques points de la prononciation grecque*, br. in-8........ 2 fr.

Imprimerie de Ch. Lahure (ancienne maison Crapelet)
rue de Vaugirard, 9, près de l'Odéon.